EL GRAN COCODRILO

en treinta poemínimos

FONDO
DE CULTURA
ECONÓMICA

Primera edición,   2014
  Tercera reimpresión, 2015

Huerta, Efraín
    El Gran Cocodrilo en treinta poemínimos / Efraín
Huerta ; ilus. del Dr. Alderete. — México : FCE, 2014
    79 p. : ilus. ; 23 × 19 cm — (Colec. Los Especiales de
A la Orilla del Viento)
    ISBN 978-607-16-1965-5

    1. Literatura infantil I. Dr. Alderete, il. II. Ser. III. t.

LC PZ7   Dewey 808.068 H872g

Distribución mundial

© 2014, Herederos de Efraín Huerta
© 2014, Dr. Alderete, ilustraciones

D. R. © 2014, Fondo de Cultura Económica
Carretera Picacho Ajusco, 227; 14738 México, D. F.
www.fondodeculturaeconomica.com
Empresa certificada ISO 9001:2008

Colección dirigida por Socorro Venegas
Edición: Angélica Antonio Monroy
Diseño e ilustración: Dr. Alderete

Comentarios: librosparaninos@fondodeculturaeconomica.com
Tel.: (55)5449-1871. Fax: (55)5449-1873

ISBN 978-607-16-1965-5

Impreso en México • *Printed in Mexico*

Efraín Huerta
EL GRAN COCODRILO
en treinta poemínimos

Ilustrado por Dr. Alderete

LOS ESPECIALES DE
A la orilla del viento

 FONDO DE CULTURA ECONÓMICA

PRESENTACIÓN

Si algo caracteriza a la poesía de Efraín Huerta (1914-1982) es su gran diversidad de registros y temas. Escribió poemas de amor, otros de política, muchos acerca de la Ciudad de México a la que le declaraba amor y odio debido a la naturaleza contradictoria de la metrópoli. También escribió los célebres poemínimos, a los que él mismo definió como "una mariposa loca, capturada a tiempo y a tiempo sometida al rigor de la camisa de fuerza". Esa camisa de fuerza era la escritura: la necesidad de apresar la idea, atrapar la carcajada, registrar el mundo y sus fisuras de la manera más antisolemne posible.

Huerta creó los poemínimos durante una grave convalecencia: el cáncer le arrebató la voz. De modo que cuando el aleteo llegaba tenía que contenerlo, cifrarlo con total desenfado y en una concentrada cantidad de palabras dejar redondita la idea para intentar leerla en voz alta y compartirla:

> FIRMEZA
> Nadie
> Dirá jamás
> Que no
> Cumplí
> Siempre
> Con mi
> Beber

MÉXICO
1935
1944
2014

En 1998, el Fondo de Cultura Económica publicó *Poesía completa*, de Efraín Huerta, compilada por Martí Soler y prologada por David Huerta, hijo de Efraín y también poeta. De esa acuciosa edición seleccionamos los treinta poemínimos que aparecen en este libro para conmemorar cien años del nacimiento de El Gran Cocodrilo, apodo que se fraguó Huerta como principal impulsor del movimiento del cocodrilismo: "Nueva dimensión del sentimiento creador. Extraordinaria escuela de optimismo y alegría", explicaba en 1949 en su columna periodística de *Cinema Reporter.*

Los lectores de este libro, tanto los nuevos como los que revisitan su obra, disfrutarán de la enorme vigencia de los poemínimos y de la recreación que de ellos hace el Dr. Alderete, reconocido ilustrador y diseñador argentino. Su acierto está en la profunda empatía que estableció con la obra de Huerta, en el diálogo que sus ilustraciones entablan con los pequeños poemas, mostrándolos vibrantes y tangibles en su inmediatez.

De muchas maneras se definió Efraín Huerta a sí mismo: emperador de los quirófanos, desordenado y antipoeta por excelencia, sobreviviente de varias batallas (en las que estuvo y en las que no estuvo). Para esta edición especial nos quedamos con El Gran Cocodrilo, e invitamos a los lectores a cocodrilear por estas páginas con total impunidad.

CALDERONIANA

Yo era

Un tonto

Y lo

Que he

Amado

Me ha

Hecho

      Dos

         Tontos

MANICÓMICO

Cuando
La cordura
Me aburre
    Enloquezco
La cordura
Siempre
Me
Aburre

MICHELET

El que
Sabe
Ser pobre
    Sabe
    El
    Resto

¡ACCIÓN!

Voy
A poner
Manos
A la obra
    Comenzaré
    Por el
    Muslo derecho

ASÍ ES

Todas
Las
Cosas
Se parecen
A su
   Sueño

NEOHUERTISMOS

Al inefable

Y dulce vocablo

Tarúpido

Debemos agregar

El frutal

Idiotejo

Y el iridiscente

    Pendejérrimo

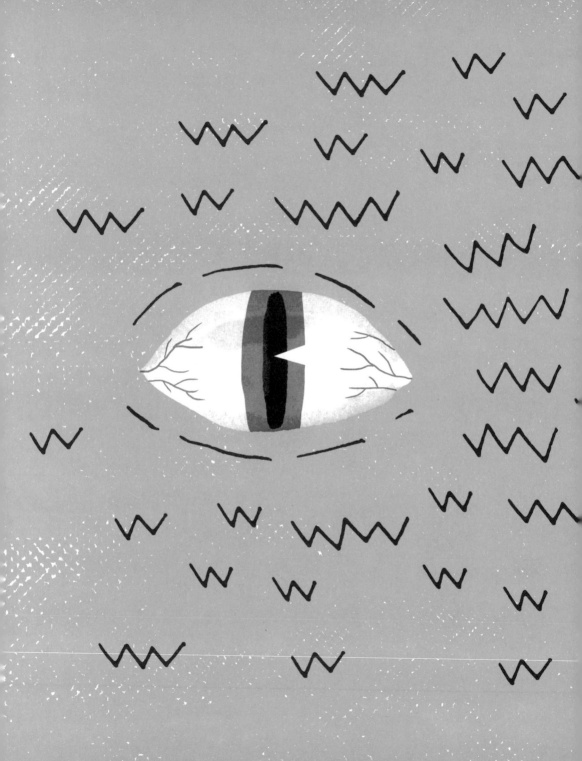

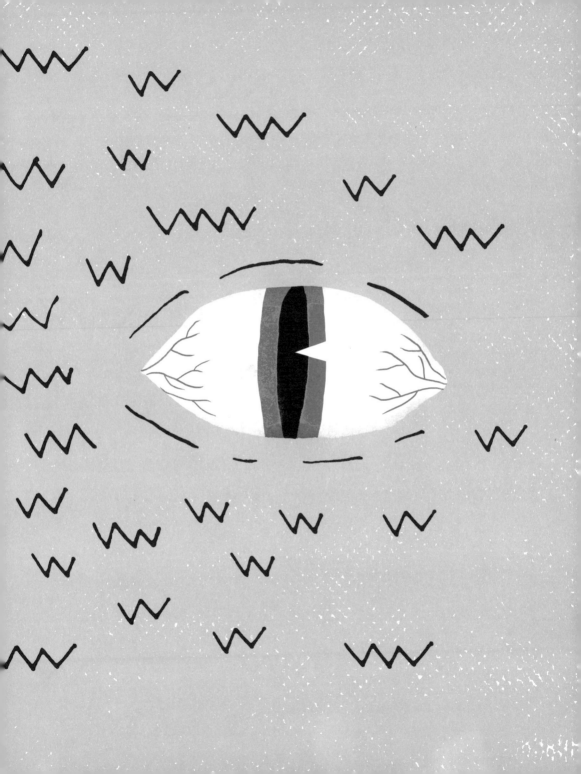

SE SUFRE

En cuestiones
De amor
    Siempre
    Caminé
    A paso
    De
    Tortura

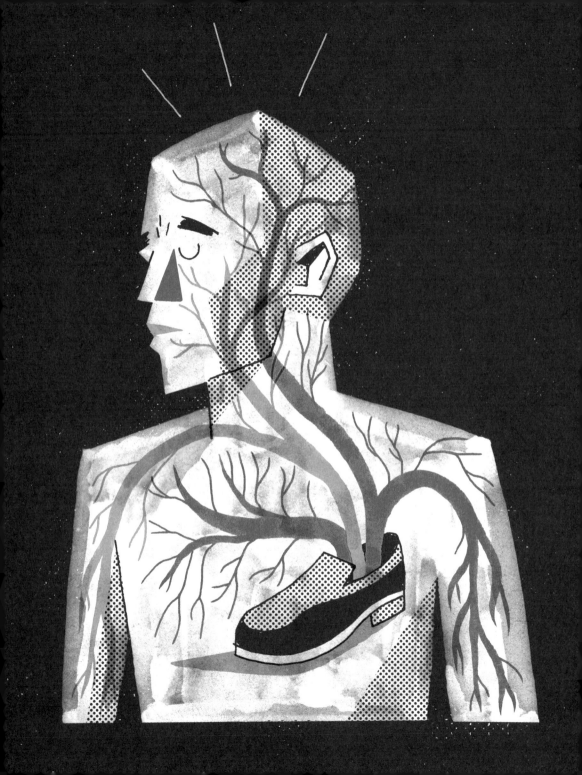

EX LIBRIS

Creer
Crear
  Croar

PLAGIO CCC

[PRENSA]
Lo de menos
Es que sea
El cuarto poder

Lo que importa
Es poder
En el cuarto

DOS

Me
Gusta
Beber
Dignamente
Acompañado

Es decir
Solo
Y
Mi alma

PLANES

Todos
Los hacen
Para un
Borroso futuro

Yo los hago
Para un
Siniestro
Pero clarísimo
    Pasado

MOCAMBO

Hasta

Ayer

Comprendí

Por qué

El mar

Siempre está

Muerto

    De brisa

TORTUGA 1910

La Mexicana
Es la única
Revolución
Que ha girado
Como loca
A 45
Revoluciones
    Por sexenio

ACLARACIÓN

No
Yo no tengo
Lo que tú dices
Lo que yo
Tengo es
      Hartitis

SALVAJEZ

Todos
Los lunes
Descubro
Que llegué
Muy tarde
A mi
Fin
De
Semana

WEIMAR

Como
Dijo
Don Wolfango:
Tengo
Dolor
De muelas
En
El
  Corazón

PUEBLO

Quiubo tú
¿Todavía
Víboras?
Yo creía
Que ya
      Morongas

NOTICIA

Y cuando
Suceda
Lo que suceder tiene
No me voy a dar
Por enterado
      Si acaso
      Por
      Enterrado

DE NAUFRAGIOS

VI

Uno termina

Siempre

Dando

Patadas

    De ahogado

PARADISIACA

Adán
Durmió
Mil años
Después
De haber
Mordido a
La manzana

Cézanne
Tuvo
Paciencia

BALADA

Me gustan
Todas
Hasta
Las de
Los árboles
   Me refiero
      Claro
   A las
      Copas

NOSTALGIA

Lo más

Bello

Fue haber

Viajado

—Casi siempre—

Con todos

Los gustos

Pagados

ACLARO QUE...

No no

Bella

Y sexy

Doctora

Yo no aspiro

A ser

Nada más

Su paciente

    Sino su

    Pa' siempre

APODOGMA

El
Respeto
Al
Complejo
Ajeno
    Es
    La
    Paz

LA CONTRA

Nomás

Por joder

Yo voy

A resucitar

De entre

     Los

       Vivos

ORACIÓN

Sufro
Bonitamente

Líbreme
Dios
De los
Malos
Sufrimientos

CANDOROSO
TESTAMENTO

Ahora

Me

Cumplen

O me

Dejan

Como

Estatua

GIDEANA II

No

Habiendo

Tenido

El valor

De matarse

    Decide

    Que está

    Muerto

ESTÉRIL

Teórico
De todo
Militante
De nada

IDIOT BOX

Esta

Declaración

De amor

Imposible

Se destruirá

En cinco

Segundos

Dr. Alderete

Nace en la lejana Patagonia, Argentina, en 1971. A los 18 años comenzó sus estudios de diseño en comunicación visual en la Facultad de Bellas Artes de la Universidad Nacional de La Plata, en la provincia de Buenos Aires.

Su trabajo de ilustración y diseño ha sido publicado en varias antologías especializadas como *100 Illustrators, Illustration Now!* y *Latin American Graphic Design*, en Taschen; *Pictoplasma, Los logos* y *Latino: América Gráfica*, en Die Gestalten Verlag; *Kustom Graphics: hot rods, burlesque and rock'n'roll*, en Korero Books, entre otras antologías. Asimismo, su obra ha sido expuesta en distintos países. En México, por ejemplo, ha recorrido foros como la Galería José María Velasco, el Museo de la Ciudad de México y el Museo de Arte Moderno.

Es fundador, junto con Juan Moragues, del sello discográfico Isotonic Records, especializado en rock instrumental. Ha diseñado el arte para más de noventa discos de diversos grupos, entre ellos Los Fabulosos Cadillacs y Andrés Calamaro, de Argentina; Lost Acapulco, Twin Tones y Sonido Gallo Negro, de México, y Los Straitjackets, de Estados Unidos.

En el 2008 publicó *Yo soy un don nadie*, en la editorial francesa Black Cat Bones, obra con la que celebró los primeros diez años de radicar en la Ciudad de México. Un año después, junto con Clarisa Moura, funda la Galería Vértigo, un espacio dinámico, enclavado en el corazón de la colonia Roma, que se ha especializado en el diseño y la ilustración. En el 2010 editó el libro *The Day of The Dead* y en el 2012, *Mexican Graphic;* ambos por encargo de la editorial inglesa Korero Books. También en el 2012 publicó *Sonorama*, en La Caja de Cerillos, y *Otro Yo*, en Ediciones Acapulco.

Efraín Huerta

Nace el 18 de junio de 1914, en Silao, Guanajuato. En 1935 publica su primer poemario: *Absoluto amor.* A partir de este momento, decide abandonar sus estudios de derecho para dedicarse a escribir poesía. Al mismo tiempo, para sostenerse, empieza a escribir para algunos medios impresos, e ingresa un año después a *El Nacional,* lo que marca el principio de su carrera en el periodismo, profesión a la que se dedicó por más de cincuenta años; usó los seudónimos de Filmito Rueda, Juanito Pegafuerte, El Periquillo, Juan Ruiz y Julián Sorel.

Junto con Rafael Solana, contribuye a la fundación de la revista literaria *Taller Poético.* Más tarde fue miembro de la revista *Taller,* dirigida por Octavio Paz. Esta publicación representa la principal ventana para mostrar su obra, ya que escribe tanto ensayos críticos acerca de los textos de otros poetas de su generación como su propia poesía. La experiencia adquirida durante estos años se materializa en su libro *Línea del alba,* uno de sus trabajos más reconocidos, aunque no en su tiempo. Ocho años después, en 1944, da a conocer *Los hombres del alba,* su libro capital.

Un año antes, en 1943, Efraín Huerta publica *Poemas de guerra y esperanza.* Para entonces se ha separado de *Taller,* y no vuelve a formar parte de ningún otro grupo literario. Entre 1950 y 1963 publica los poemarios *La rosa primitiva, Estrella en alto y nuevos poemas, Los poemas de viaje: 1949-1953* y *El Tajín;* así como los poemas "Para gozar tu paz", "¡Mi país, oh mi país!", "Elegía de la policía montada", "La raíz amarga" y "Barbas para desatar la lujuria". En 1955 colabora en *La Voz de México,* órgano del Partido Comunista Mexicano, donde escribe principalmente poesía de protesta.

De 1957 a 1961 edita los Cuadernos del Cocodrilo, rótulo que remite a su sobrenombre: El Gran Cocodrilo. En 1968, después de más de treinta años de escribir poesía, su obra se reúne en *Poesía 1935-1968.* En esta edición, Huerta decide no incluir sus poemas políticos, pero en 1973 aparecen en el volumen *Poemas prohibidos y de amor.* Un año después da a conocer *Los eróticos y otros poemas* y en 1977, *Circuito interior* y *50 poemínimos.* Los poemínimos incluidos en estos tres últimos libros se integran en 1980 en *Estampida de poemínimos.* Ese mismo año publica *Amor, patria mía* y *Transa poética.*

Entre los reconocimientos que obtuvo están la Orden de las Palmas Académicas por el gobierno de Francia (1949), el Premio Xavier Villaurrutia (1975), el Premio Nacional de Ciencias y Artes (1976) y el Premio Nacional de Periodismo (1978).

Muere en la Ciudad de México el 3 de febrero de 1982. En 1988, el Fondo de Cultura Económica publica su obra poética en *Poesía reunida.*

El Gran Cocodrilo en treinta poemínimos, de Efraín Huerta,
se terminó de imprimir y encuadernar en febrero de 2015
en Impresora y Encuadernadora Progreso, S. A. de C. V. (IEPSA),
calzada San Lorenzo, 244; 09830 México, D. F.

El tiraje fue de 4 700 ejemplares.